Impressum
Verlag: BABADADA GmbH, Nedderfeld 112 , 22529 Hamburg
Geschäftsführer / Verlagsleitung: Harald Hof
Druck: Books on Demand GmbH, In de Tarpen 42, 22848 Norderstedt

Imprint
Publisher: BABADADA GmbH, Nedderfeld 112 , 22529 Hamburg, Germany
Managing Director / Publishing direction: Harald Hof
Print: Books on Demand GmbH, In de Tarpen 42, 22848 Norderstedt

学校
σχολείο

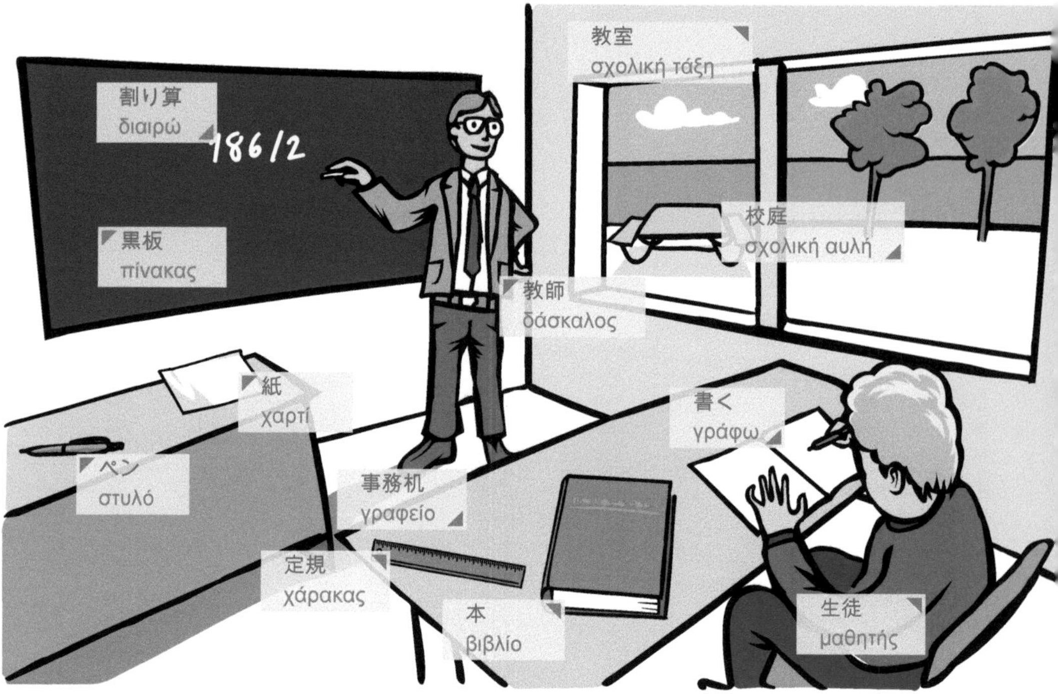

教室
σχολική τάξη
割り算
διαιρώ
186/2
黒板
πίνακας
校庭
σχολική αυλή
教師
δάσκαλος
紙
χαρτί
書く
γράφω
ペン
στυλό
事務机
γραφείο
定規
χάρακας
本
βιβλίο
生徒
μαθητής

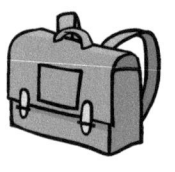

ランドセル

σχολική τσάντα

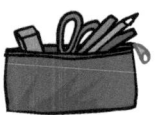

筆入れ

κασετίνα/ μολυβοθήκη

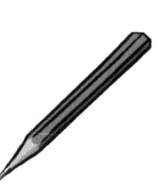

鉛筆

μολύβι

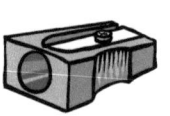

鉛筆削り

ξύστρα

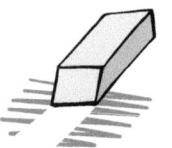

消しゴム

γόμα

スケッチブック

μπλοκ ζωγραφικής

スケッチ

ζωγραφική

絵筆

πινέλο

絵の具箱

κουτί χρωμάτων

はさみ

ψαλίδι

接着剤

κόλλα

練習帳

τετράδιο ασκήσεων

宿題

εργασία για το σπίτι

12

数

αριθμός

2+2

足し算

προσθέτω

5-2

引き算

αφαιρώ

2×2

かけ算

πολλαπλασιάζω

計算する

υπολογίζω

A

文字

γράμμα

ABCDEFG
HIJKLMN
OPQRSTU
VWXYZ

アルファベット

αλφάβητο

単語

λέξη

テキスト

κείμενο

読む

διαβάζω

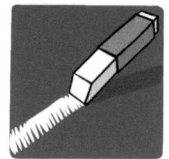

チョーク

κιμωλία

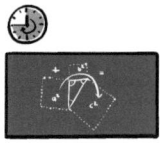

授業

μάθημα

学級日誌

εγγράφομαι

試験

τεστ

通知表

πιστοποιητικό

制服

μαθητική στολή

教育

εκπαίδευση

百科事典

εγκυκλοπαίδεια

大学

πανεπιστήμιο

顕微鏡

μικροσκόπιο

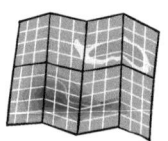

地図

χάρτης

ごみ箱

καλάθι αχρήστων

ホテル
ξενοδοχείο

Grand

ホステル
ξενώνας

ROOMS

両替所
ανταλλακτήρια συναλλάγματος

EXCHANGE

スーツケース
βαλίτσα

自動車
αυτοκίνητο

言語

γλώσσα

はい / いいえ

ναι / όχι

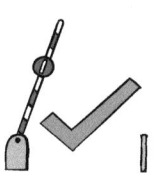

問題ない

εντάξει

ハロー

γεια σου

翻訳者

μεταφραστής

ありがとう

Ευχαριστώ

…はいくらですか？

πόσο κάνει ;

わかりません

Δε καταλαβαίνω

問題

πρόβλημα

こんばんは！

Καλησπέρα!

おはようございます！

Καλημέρα!

おやすみなさい！

Καληνύχτα!

さようなら

Αντίο

方向

κατεύθυνση

手荷物

αποσκευές

バッグ

τσάντα

リュックサック

σακίδιο πλάτης

お客様

καλεσμένος

部屋

δωμάτιο

寝袋

υπνόσακος

テント

σκηνή

旅行者情報

τουριστικές πληροφορίες

ビーチ

παραλία

クレジットカード

πιστωτική κάρτα

朝食

πρωινό

昼食

μεσημεριανό

夕食

δείπνο

チケット

εισιτήριο

エレベーター

ανελκυστήρας

スタンプ

γραμματόσημο

境界

σύνορα

税関

τελωνείο

大使館

πρεσβεία

ビザ

βίζα

パスポート

διαβατήριο

輸送
μεταφορά

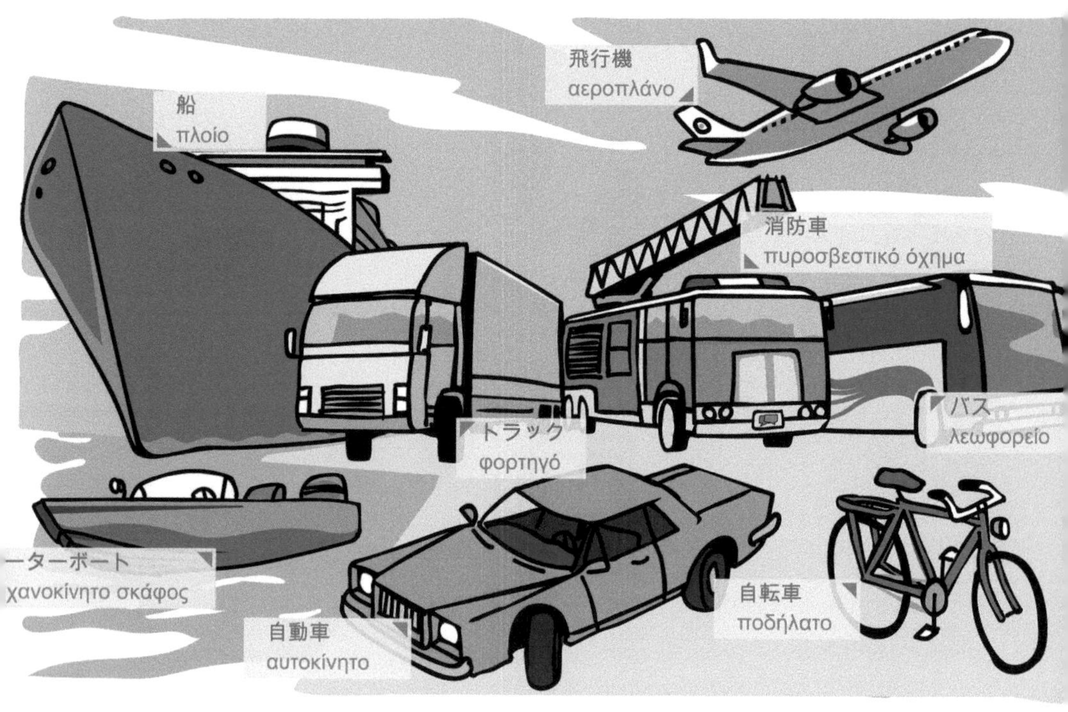

飛行機
αεροπλάνο

船
πλοίο

消防車
πυροσβεστικό όχημα

バス
λεωφορείο

トラック
φορτηγό

ーターボート
χανοκίνητο σκάφος

自動車
αυτοκίνητο

自転車
ποδήλατο

フェリー
φεριμπότ

ボート
βάρκα

バイク
μοτοσικλέτα

パトカー
περιπολικό

レーシングカー
αγωνιστικό αυτοκίνητο

レンタカー
ενοικιαζόμενο αυτοκίνητο

カーシェアリング

ιαμοιρασμός αυτοκινήτων

レッカー車

γερανός

ごみ収集車

απορριμματοφόρο

モーター

κινητήρας

燃料

καύσιμο

ガソリンスタンド

βενζινάδικο

交通標識

πινακίδα σήμανσης

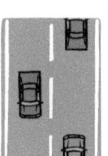

交通

κυκλοφορία

渋滞

κυκλοφοριακή συμφόρηση

駐車場

χώρος στάθμευσης

駅

σιδηροδρομικός σταθμός

道

σιδηροδρομικές γραμμές

列車

τρένο

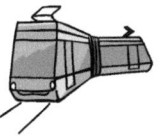

路面電車

τραμ

車両

βαγόνι

ヘリコプター

ελικόπτερο

空港

αεροδρόμιο

タワー

πύργος

乗客

επιβάτης

コンテナ

εμπορευματοκιβώτιο

段ボール箱

χαρτοκιβώτιο

カート

καρότσι

カゴ

καλάθι

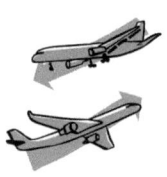

離陸 / 着陸

απογειώνομαι /
προσγειόνομαι

都市

πόλη

村

χωριό

都心

κέντρο της πόλης

家

σπίτι

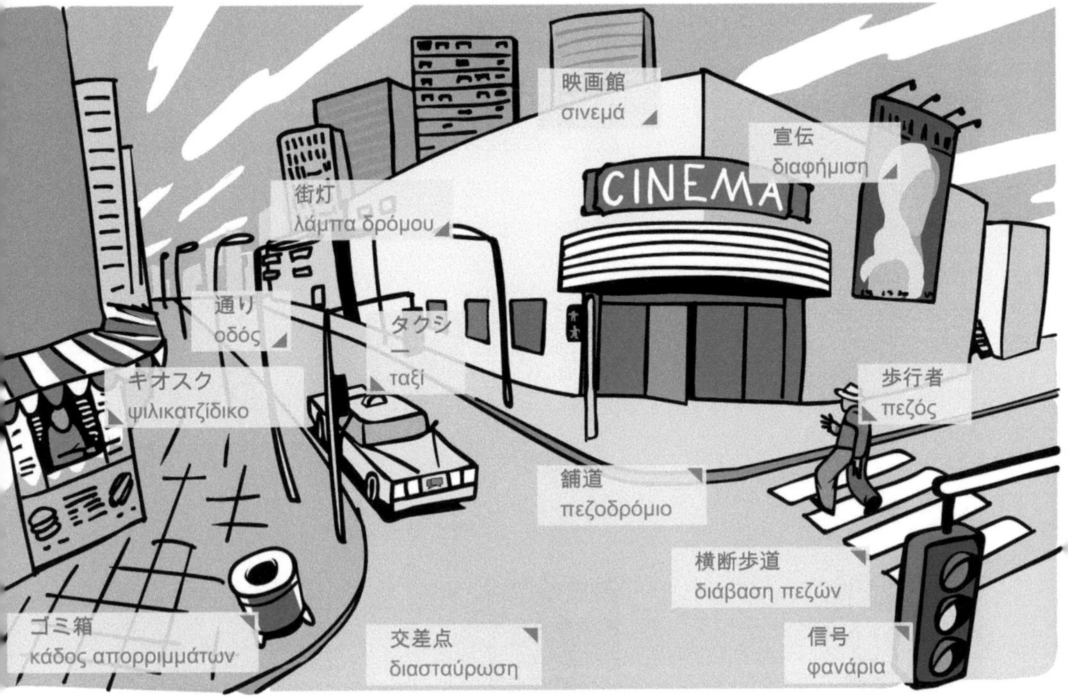
CINEMA
映画館
σινεμά
宣伝
διαφήμιση
街灯
λάμπα δρόμου
通り
οδός
タクシー
ταξί
キオスク
ψιλικατζίδικο
歩行者
πεζός
舗道
πεζοδρόμιο
横断歩道
διάβαση πεζών
ゴミ箱
κάδος απορριμμάτων
交差点
διασταύρωση
信号
φανάρια

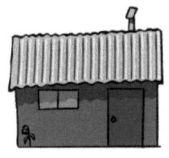

小屋

καλύβα

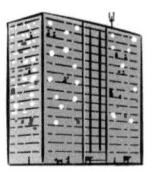

アパート

διαμέρισμα

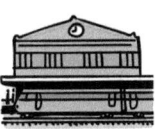

駅

σιδηροδρομικός σταθμός

市役所

δημαρχείο

MUSEUM

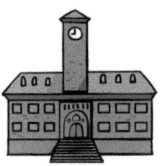

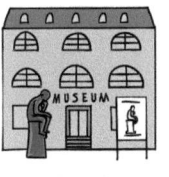

美術館

μουσείο

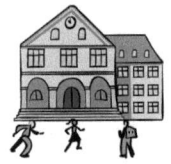

学校

σχολείο

大学

πανεπιστήμιο

銀行

τράπεζα

病院

νοσοκομείο

ホテル

ξενοδοχείο

薬局

φαρμακείο

オフィス

γραφείο

書店

βιβλιοπωλείο

ショップ

κατάστημα

花屋

ανθοπωλείο

スーパーマーケット

σούπερ μάρκετ

市場

αγορά

デパート

πολυκατάστημα

魚屋

ιχθυοπωλείο

ショッピングセンター

εμπορικό κέντρο

港

λιμάνι

公園

πάρκο

ベンチ

παγκάκι

橋

γέφυρα

階段

σκάλες

地下鉄

μετρό

トンネル

τούνελ

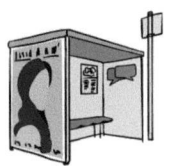

バス停

στάση λεωφορείου

バー

μπαρ

レストラン

εστιατόριο

ポスト

γραμματοκιβώτιο

道路標識

πινακίδα δρόμου

パーキングメーター

παρκόμετρο

動物園

ζωολογικός κήπος

スイミングプール

πισίνα

モスク

τζαμί

都市 - πόλη

農場

αγρόκτημα

汚染

ρύπανση

墓地

νεκροταφείο

教会

εκκλησία

遊び場

παιδική χαρά

寺

ναός

風景

τοπίο

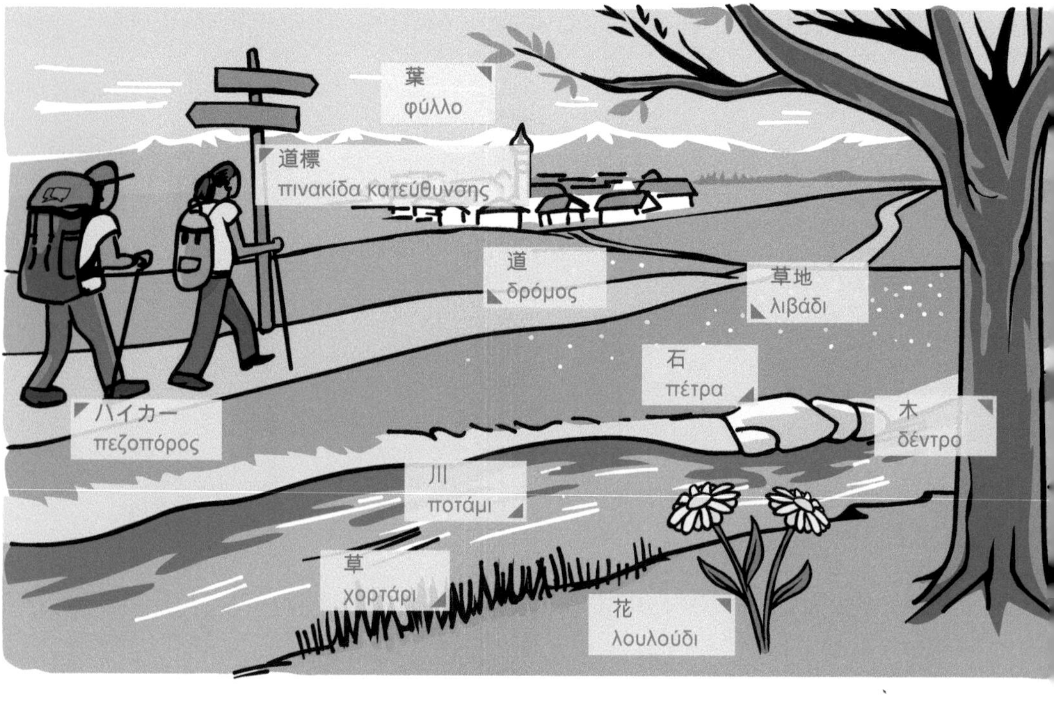

葉
φύλλο

道標
πινακίδα κατεύθυνσης

道
δρόμος

草地
λιβάδι

石
πέτρα

木
δέντρο

ハイカー
πεζοπόρος

川
ποτάμι

草
χορτάρι

花
λουλούδι

谷
koιλάδα

山
λόφος

湖
λίμνη

森
δάσος

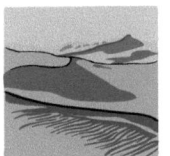

砂漠
έρημος

火山
ηφαίστειο

城
κάστρο

虹
ουράνιο τόξο

キノコ
μανιτάρι

ヤシの木
φοίνικας

蚊
κουνούπι

ハエ
μύγα

蟻
μυρμήγκι

ミツバチ
μέλισσα

クモ
αράχνη

風景 - τοπίο

カブトムシ

σκαθάρι

蛙

βάτραχος

リス

σκίουρος

ハリネズミ

σκαντζόχοιρος

ウサギ

λαγός

フクロウ

κουκουβάγια

鳥

πουλί

白鳥

κύκνος

雄豚

αγριογούρουνο

鹿

ελάφι

ヘラジカ

άλκη

ダム

φράγμα

風力タービン

ανεμογεννήτρια

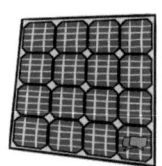

ソーラーパネル

ηλιακός συλλέκτης

気候

κλίμα

レストラン
εστιατόριο

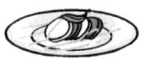

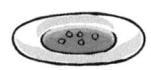

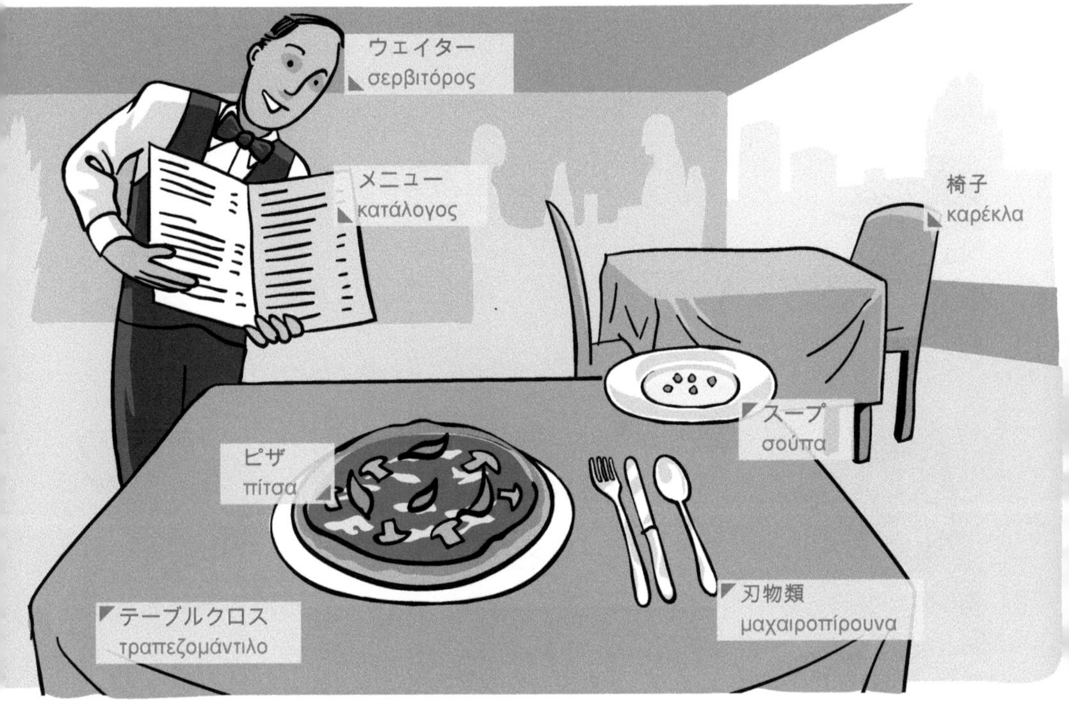
ウェイター
σερβιτόρος
メニュー
κατάλογος
椅子
καρέκλα
スープ
σούπα
ピザ
πίτσα
テーブルクロス
τραπεζομάντιλο
刃物類
μαχαιροπίρουνα

前菜

ορεκτικό

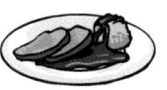

メインコース

κύριο πιάτο

デザート

επιδόρπιο

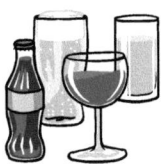

飲み物

ποτά

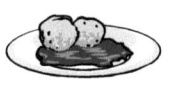

食べ物

φαγητό

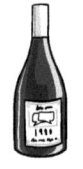

ボトル

μπουκάλι

ファストフード

φαστ φουντ

屋台の食べ物

φαγητό στ' όρθιο

ティーポット

τσαγιέρα

砂糖入れ

δοχείο ζάχαρης

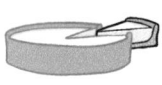

一人前

μερίδα

エスプレッソマシン

μηχανή εσπρέσο

幼児用食事椅子

ψηλή καρέκλα

請求書

λογαριασμός

トレー

δίσκος

ナイフ

μαχαίρι

フォーク

πιρούνι

スプーン

κουτάλι

ティースプーン

κουταλάκι του τσαγιού

ナプキン

πετσέτα φαγητού

グラス

ποτήρι

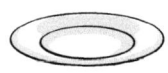

皿
πιάτο

スープ皿
πιάτο σούπας

受け皿
πιατάκι φλιτζανιού

ソース
σάλτσα

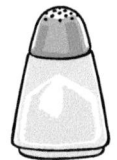

塩入れ
αλατιέρα

ペッパーミル
μύλος για πιπέρι

酢
ξύδι

油
λάδι

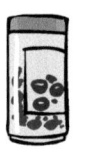

スパイス
μπαχαρικά

ケチャップ
κέτσαπ

マスタード
μουστάρδα

マヨネーズ
μαγιονέζα

スーパーマーケット

σούπερ μάρκετ

特価品
προσφορά
FOR
顧客
πελάτης
乳製品
γαλακτοκομικά προϊόντα
果物
φρούτα
ショッピング・カート
καρότσι για ψώνια

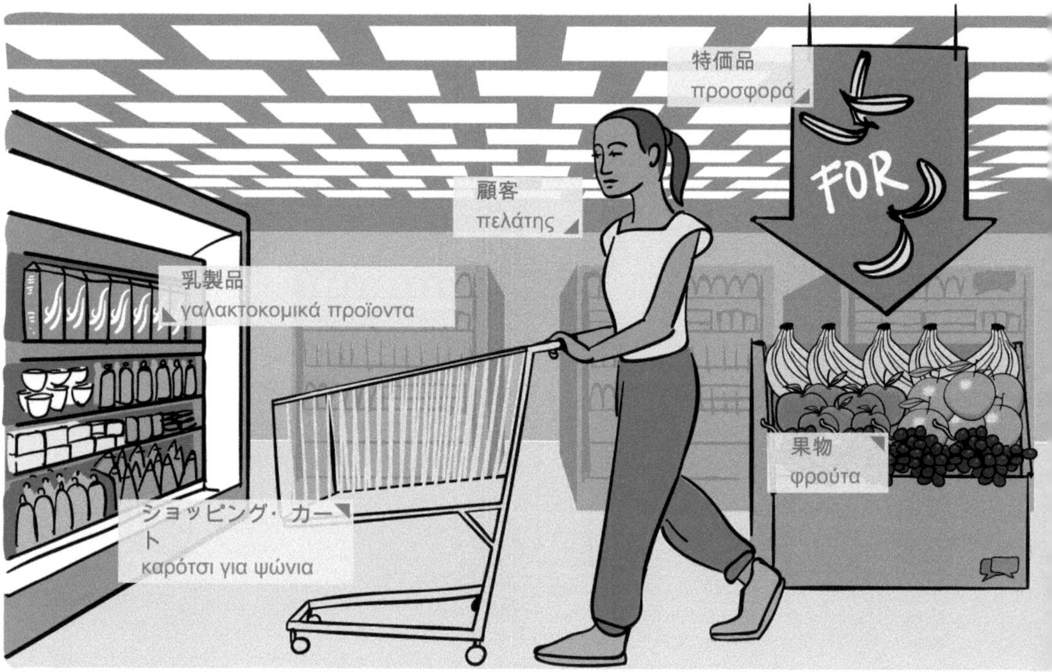

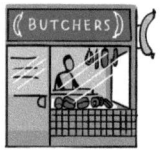

BUTCHERS

肉屋

κρεοπωλείο

BAKERY

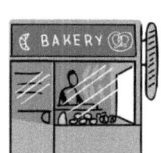

パン屋

φούρνος

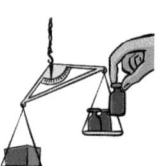

重さをはかる

ζυγίζω

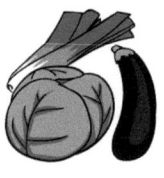

野菜

λαχανικά

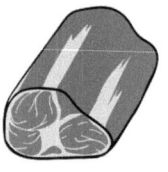

肉

κρέας

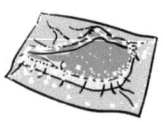

冷凍食品

κατεψυγμένα τρόφιμα

冷肉の薄切り

αλλαντικά

缶詰食品

κονσερβοποιημένη τροφή

洗剤

απορρυπαντικό ρούχων

菓子

γλυκά

家庭用品

οικιακά είδη

清掃用品

καθαριστικά προϊόντα

販売員

πωλήτρια

現金箱

ταμείο

レジ係

ταμίας

買い物リスト

λίστα για ψώνια

開館時刻

ωράριο λειτουργίας

財布

πορτοφόλι

クレジットカード

πιστωτική κάρτα

バッグ

τσάντα

ポリ袋

πλαστική σακούλα

スーパーマーケット - σούπερ μάρκετ

水

νερό

ジュース

χυμός

牛乳

γάλα

コーラ

κόκα κόλα

ワイン

κρασί

ビール

μπίρα

アルコール

αλκοόλ

ココア

κακάο

紅茶

τσάι

コーヒー

καφές

エスプレッソ

εσπρέσο

カプチーノ

καπουτσίνο

バナナ

μπανάνα

リンゴ

μήλο

オレンジ

πορτοκάλι

メロン

πεπόνι

レモン

λεμόνι

ニンジン

καρότο

ニンニク

σκόρδο

竹

μπαμπού

玉ねぎ

κρεμμύδι

キノコ

μανιτάρι

ナッツ

ξηροί καρποί

ヌードル

νουντλς

スパゲッティ

μακαρόνια

米

ρύζι

サラダ

σαλάτα

フライドポテト

πατατάκια

フライドポテト

τηγανητές πατάτες

ピザ

πίτσα

ハンバーガー

χάμπουργκερ

サンドウィッチ

σάντουιτς

カツレツ

κοτολέτα

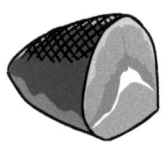

ハム

ζαμπόν

サラミ

σαλάμι

ソーセージ

λουκάνικο

鶏肉

κοτόπουλο

焼き

ψητό

魚

ψάρι

食べ物 - φαγητό

麦のお粥

χυλός βρώμης

ムーズリ

μούσλι

コーンフレーク

κορν φλέικς

小麦粉

αλεύρι

クロワッサン

κρουασάν

ロールパン

ψωμάκι

パン

ψωμί

トースト

τοστ

ビスケット

μπισκότα

バター

βούτυρο

カッテージチーズ

τυρόπηγμα

ケーキ

κέικ

卵

αυγό

目玉焼き

τηγανητό αυγό

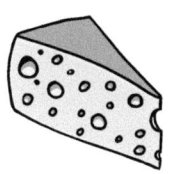

チーズ

τυρί

食べ物 - φαγητό

アイスクリーム

παγωτό

砂糖

ζάχαρη

はちみつ

μέλι

ジャム

μαρμελάδα

ヌガークリーム

άλλειμμα σοκολάτας

カレー

κάρυ

農場
αγρόκτημα

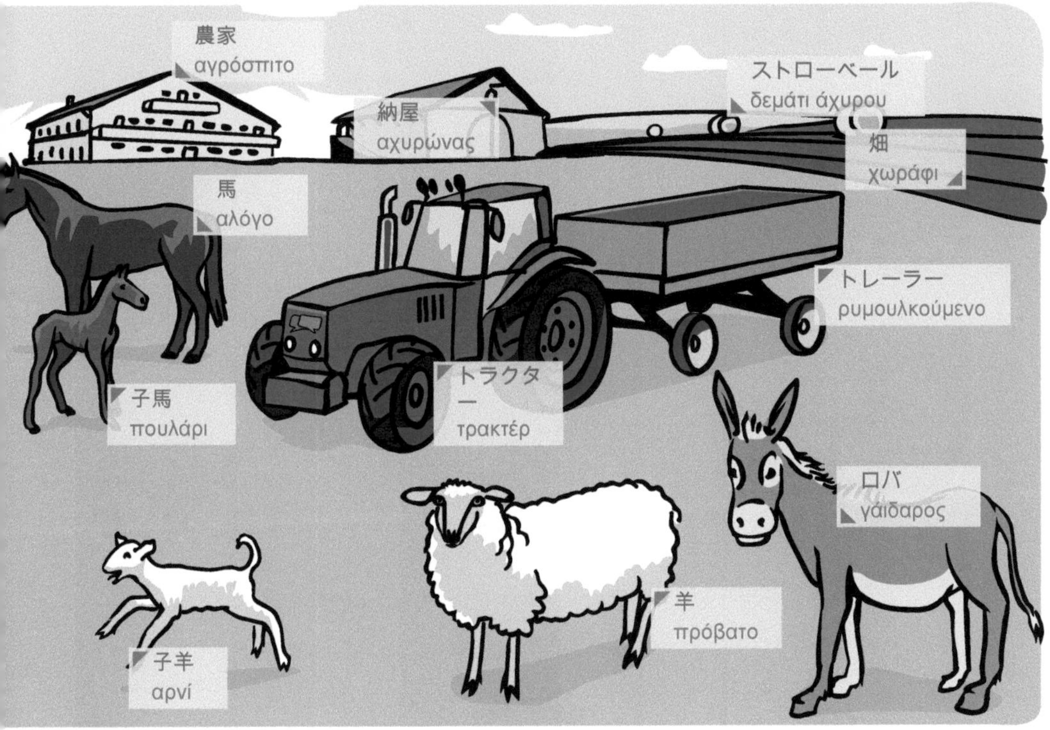

農家
αγρόσπιτο
ストローベール
δεμάτι άχυρου
納屋
αχυρώνας
畑
χωράφι
馬
αλόγο
トレーラー
ρυμουλκούμενο
子馬
πουλάρι
トラクター
τρακτέρ
ロバ
γάιδαρος
羊
πρόβατο
子羊
αρνί

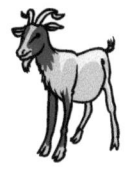

ヤギ

κατσίκα

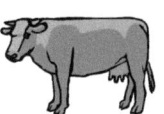

雌牛

αγελάδα

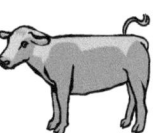

子牛

μοσχαράκι

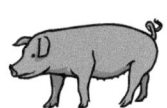

豚

γουρούνι

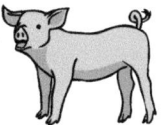

子豚

γουρουνάκι

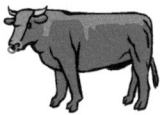

雄牛

ταύρος

ガチョウ

χήνα

アヒル

πάπια

ひよこ

κοτοπουλάκι

にわとり

κότα

おんどり

κόκορας

ネズミ

αρουραίος

猫

γάτα

ねずみ

ποντίκι

雄牛

βόδι

犬

σκύλος

犬小屋

σπιτάκι σκύλου

散水ホース

λάστιχο κήπου

じょうろ

ποτιστήρι

大鎌

θεριστήρι

すき

αλέτρι

草刈り鎌
δρεπάνι

くわ
τσάπα

堆肥用フォーク
δίκρανο

斧
τσεκούρι

手押し車
χειράμαξα

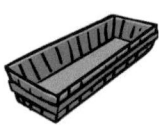

かいばおけ
ταΐστρα

牛乳缶
δοχείο γάλακτος

袋
σάκος

フェンス
φράχτης

畜舎
στάβλος

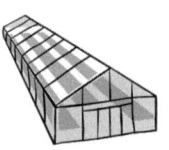

温室
θερμοκήπιο

土壌
έδαφος

種
σπόρος

肥料
λίπασμα

コンバイン
θεριζοαλωνιστική μηχανή

収穫する

θερίζω

収穫

συγκομιδή

ヤマイモ

γιαμς

小麦

σιτάρι

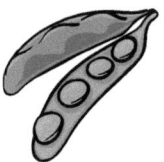

大豆

σόγια

じゃがいも

πατάτα

トウモロコシ

καλαμπόκι

菜種

κράμβη

果樹

οπωροφόρο δέντρο

キャッサバ

μανιόκα

穀物

δημητριακά

家

σπίτι

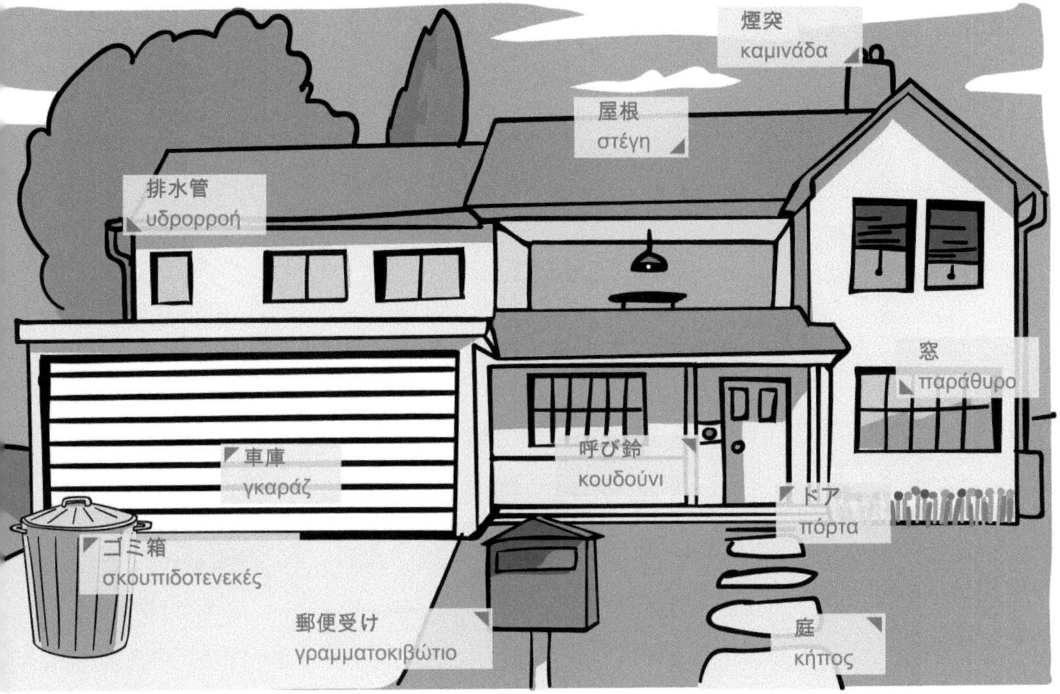

煙突
καμινάδα
屋根
στέγη
排水管
υδρορροή
窓
παράθυρο
車庫
γκαράζ
呼び鈴
κουδούνι
ドア
πόρτα
ゴミ箱
σκουπιδοτενεκές
郵便受け
γραμματοκιβώτιο
庭
κήπος

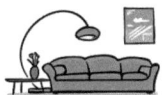

リビングルーム

σαλόνι

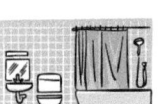

浴室

μπάνιο

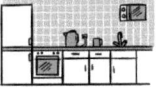

台所

κουζίνα

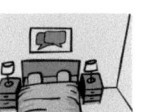

寝室

υπνοδωμάτιο

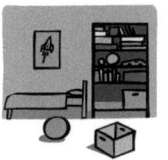

子供部屋

παιδικό δωμάτιο

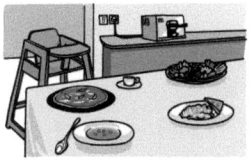

ダイニング・ルーム

τραπεζαρία

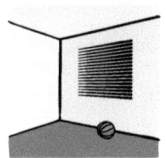

床
πάτωμα

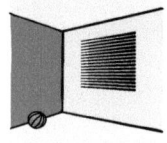

壁
τοίχος

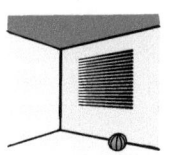

天井
οροφή

地下貯蔵庫
κελάρι

サウナ
σάουνα

バルコニー
μπαλκόνι

テラス
βεράντα

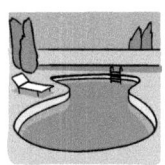

プール
πισίνα

芝刈り機
μηχανή του γκαζόν

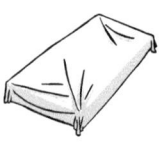

シーツ
σεντόνι

ベッドカバー
κάλυμμα κρεβατιού

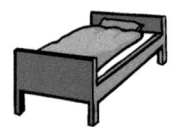

ベッド
κρεβάτι

ほうき
σκούπα

バケツ
κουβάς

スイッチ
διακόπτης

リビングルーム
σαλόνι

壁紙
ταπετσαρία
絵
φωτογραφία
ランプ
λάμπα
棚
ράφι
食器棚
ντουλάπι
テレビ
τηλεόραση
暖炉
τζάκι
花
λουλούδι
クッション
μαξιλάρι
ソファ
καναπές
花瓶
βάζο
リモコン
τηλεκοντρόλ

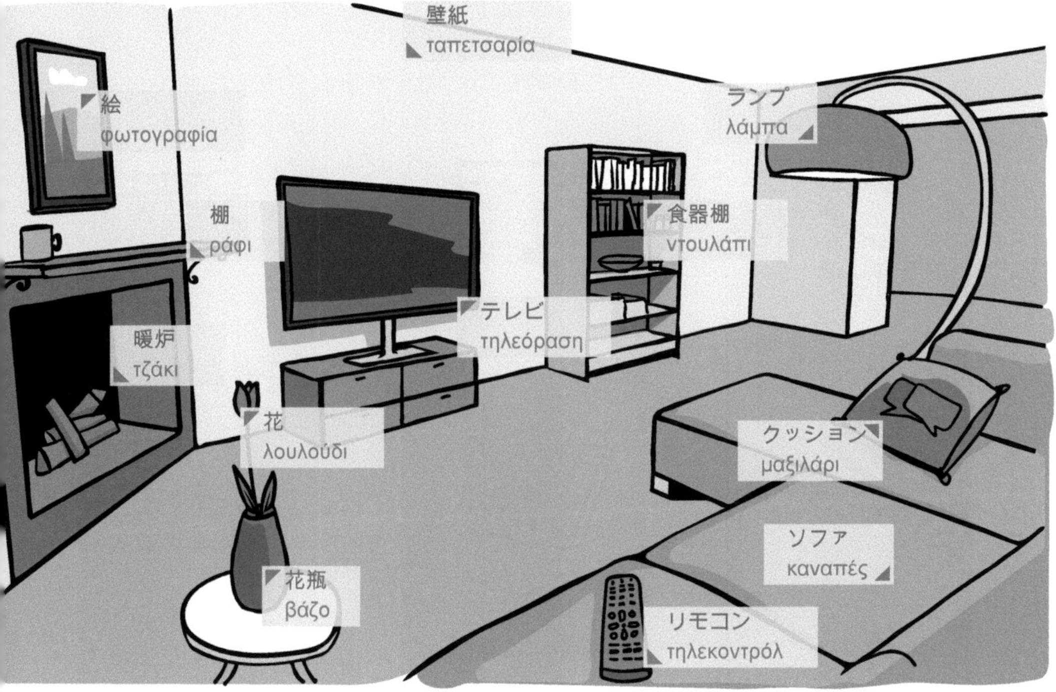

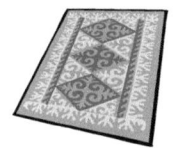

カーペット

χαλί

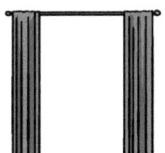

カーテン

κουρτίνα

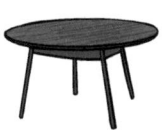

テーブル

τραπέζι

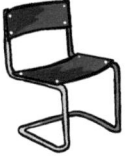

椅子

καρέκλα

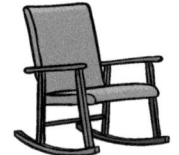

ロッキングチェア

κουνιστή πολυθρόνα

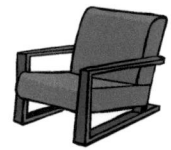

ひじ掛け椅子

πολυθρόνα

本
βιβλίο

毛布
κουβέρτα

飾り
διακόσμηση

たきぎ
καυσόξυλα

映画
ταινία

ステレオ
στερεοφωνικό σύστημα

鍵
κλειδί

新聞
εφημερίδα

絵画
πίνακας ζωγραφικής

ポスター
αφίσα

ラジオ
ραδιόφωνο

メモ帳
σημειωματάριο

掃除機
ηλεκτρική σκούπα

サボテン
κάκτος

ろうそく
κερί

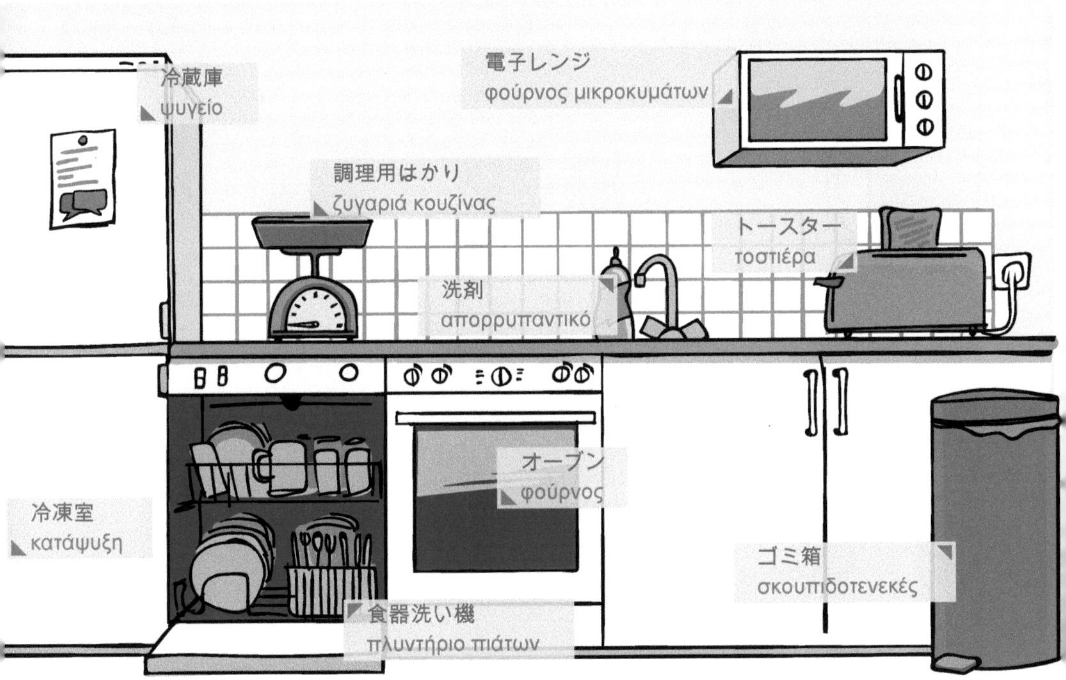

冷蔵庫
ψυγείο

電子レンジ
φούρνος μικροκυμάτων

調理用はかり
ζυγαριά κουζίνας

トースター
τοστιέρα

洗剤
απορρυπαντικό

オーブン
φούρνος

冷凍室
κατάψυξη

ゴミ箱
σκουπιδοτενεκές

食器洗い機
πλυντήριο πιάτων

こんろ

κουζίνα

鍋

κατσαρόλα

鉄鍋

μαντεμένια κατσαρόλα

中華鍋/カダイ鍋

γουόκ/καντάι

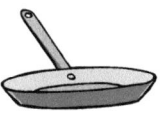

フライパン

τηγάνι

やかん

βραστήρας

蒸し器

ατμομάγειρας

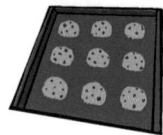

天板

ταψί

食器

πιατικά

マグカップ

κούπα

ボウル

μπολ

箸

ξυλάκια

おたま

κουτάλα

へら

σπάτουλα

泡立て器

ανακατεύω

こし器

σουρωτήρι

ふるい

σουρωτηράκι

すりおろし器

τρίφτης

すり鉢

γουδί

バーベキュー

ψησταριά

かまど

ανοιχτή φωτιά

まな板

σανίδα κοπής

麺棒

πλάστης

栓抜き

ανοιχτήρι φελλών

缶

κονσέρβα

缶切り

ανοιχτήρι κονσέρβας

鍋つかみ

γάντι φούρνου

流し

νεροχύτης

ブラシ

βούρτσα

スポンジ

σφουγγάρι

ミキサー

μπλέντερ

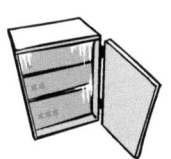

冷凍庫

καταψύκτης

哺乳瓶

μπιμπερό

蛇口

βρύση

浴室
μπάνιο

ヒーター
θέρμανση

シャワー
ντους

タオル
πετσέτα

シャワーカーテン
κουρτίνα ντους

泡風呂
αφρόλουτρο

浴槽
μπανιέρα

グラス
ποτήρι

洗濯機
πλυντήριο ρούχων

タイル
πλακάκια

蛇口
βρύση

おまる
γιογιό

流し
νεροχύτης

トイレ
τουαλέτα

和式トイレ
τούρκικη τουαλέτα

ビデ
μπιντές

小便器
ουρητήριο

トイレットペーパー
χαρτί υγείας

トイレブラシ
πιγκάλ

歯ブラシ

οδοντόβουρτσα

歯みがき

οδοντόκρεμα

デンタルフロス

οδοντικό νήμα

洗う

πλένω

シャワーヘッド

τηλέφωνο ντους

ハンドビデ

ντουσιέρα

洗面台

λεκάνη

ボディブラシ

βούρτσα πλάτης

石鹸

σαπούνι

シャワー用ジェル

αφρόλουτρο

シャンプー

σαμπουάν

浴用タオル

φανέλα

排水口

σιφόνι

クリーム

κρέμα

消臭

αποσμητικό

鏡

καθρέφτης

手鏡

καθρέφτης χειρός

かみそり

ξυραφάκι

シェービング・フォーム

αφρός ξυρίσματος

アフターシェーブローショ
ン

αφτερσέιβ

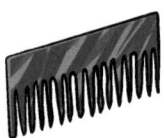

櫛

χτένα

ブラシ

βούρτσα

ドライヤー

σεσουάρ

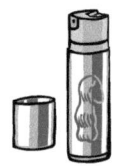

ヘアスプレー

λακ

化粧

μακιγιάζ

口紅

κραγιόν

マニキュア

βερνίκι νυχιών

脱脂綿

βαμβάκι

爪切り

ψαλίδι νυχιών

香水

άρωμα

洗面用具入れ

νεσεσέρ

スツール

σκαμπό

体重計

ζυγαριά

バスローブ

μπουρνούζι

ゴム手袋

ελαστικά γάντια

タンポン

ταμπόν

生理用ナプキン

πετσέτα υγιεινής

ケミカルトイレ

χημική τουαλέτα

子供部屋

παιδικό δωμάτιο

目覚まし時計
ξυπνητήρι
ぬいぐるみ
λούτρινο ζωάκι
おもちゃの自動車
αυτοκινητάκι
がらがら
κουδουνίστρα
ドール・ハウス
κουκλόσπιτο
プレゼント
δώρο

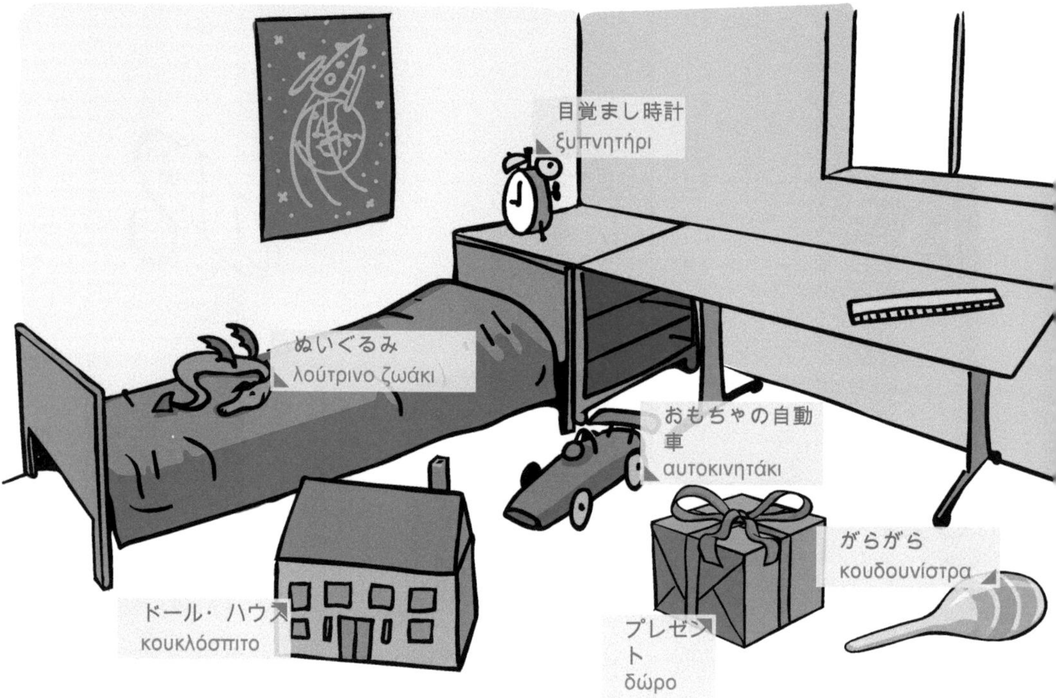

風船

μπαλόνι

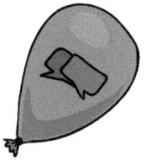

ベッド

κρεβάτι

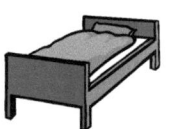

ベビーカー

καροτσάκι

カードゲーム

τράπουλα

ジグソーパズル

παζλ

SUPER
MEGA

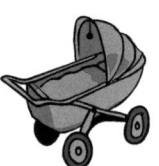

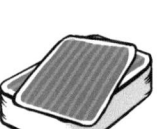

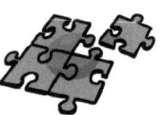

漫画

κόμικς

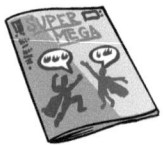

レゴ

τουβλάκια lego

玩具ブロック

τουβλάκια κατασκευών

アクションフィギュア

φιγούρα δράσης

ロンパース

βρεφικό φορμάκι

フリスビー

φρίσμπι

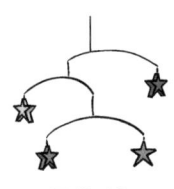

モバイル

μόμπιλο

ボードゲーム

επιτραπέζιο παιχνίδι

さいころ

ζάρια

鉄道模型

σετ τρενάκι

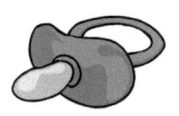

おしゃぶり

πιπίλα

パーティー

πάρτι

絵本

εικονογραφημένο βιβλίο

ボール

μπάλα

人形

κούκλα

遊ぶ

παίζω

子供部屋 - παιδικό δωμάτιο

砂場
σκάμμα με άμμο

ブランコ
κούνια

おもちゃ
παιχνίδια

ゲーム機
κονσόλα βιντεοπαιχνιδιών

三輪車
τρίκυκλο

テディベア
αρκουδάκι

衣装ダンス
ντουλάπα

衣服

ρούχα

靴下
κάλτσες

ストッキング
καλτσοδέτες

タイツ
καλσόν

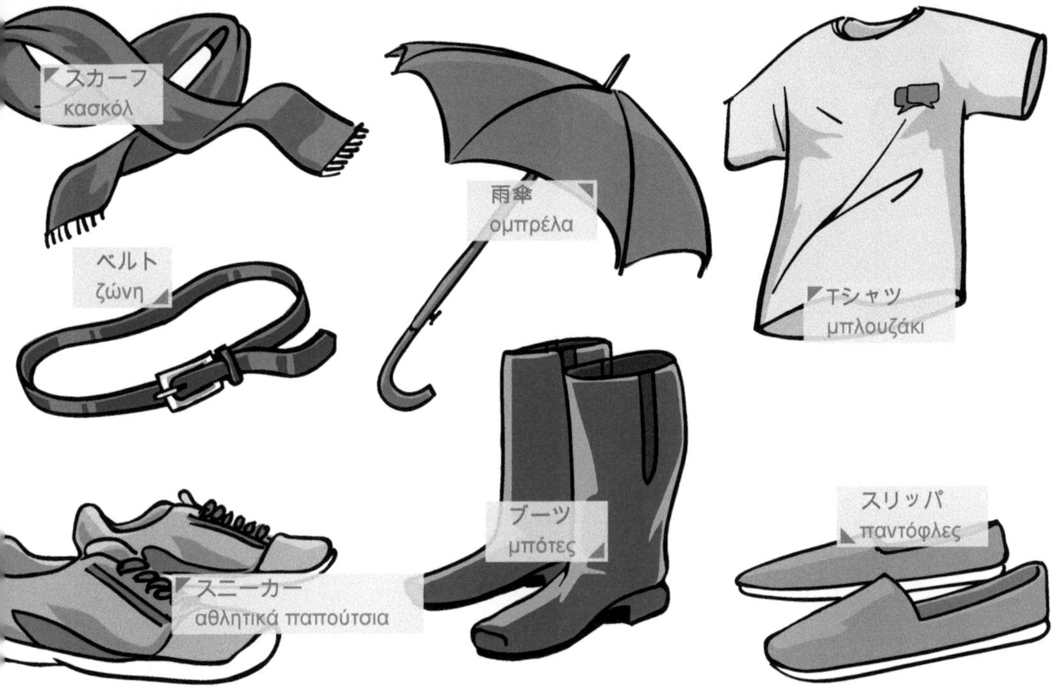

スカーフ
κασκόλ

ベルト
ζώνη

雨傘
ομπρέλα

Tシャツ
μπλουζάκι

ブーツ
μπότες

スリッパ
παντόφλες

スニーカー
αθλητικά παπούτσια

サンダル
σανδάλια

靴
παπούτσια

ゴム長靴
γαλότσες

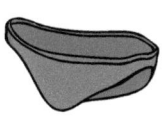

パンツ
εσώρουχο

ブラ
σουτιέν

ベスト
φανέλα

衣服 - ρούχα

ボディースーツ

σώμα

ズボン

παντελόνι

ジーンズ

τζιν παντελόνι

スカート

φούστα

ブラウス

μπλούζα

シャツ

πουκάμισο

セーター

πουλόβερ

パーカー

πουλόβερ

ブレザー

σακάκι

ジャケット

μπουφάν

コート

παλτό

レインコート

αδιάβροχο πανωφόρι

服装

κοστούμι

ドレス

φόρεμα

ウェディングドレス

νυφικό

スーツ

κοστούμι

ナイトガウン

νυχτικό

パジャマ

πιτζάμες

サリー

σάρι

ヘッドスカーフ

μαντήλι

ターバン

τουρμπάνι

ブルカ

μπούρκα

カフタン

καφτάνι

アバヤ

μουσουλμανικό ένδυμα

水着

ολόσωμο μαγιό

トランクス

ανδρικό μαγιό

半ズボン

σορτς

スウェットスーツ

αθλητική φόρμα

エプロン

ποδιά

手袋

γάντια

衣服 - ρούχα

ボタン

κουμπί

メガネ

γυαλιά

ブレスレット

βραχιόλι

ネックレス

περιδέραιο

指輪

δαχτυλίδι

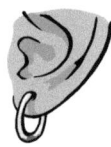

イヤリング

σκουλαρίκι

帽子

καπέλο

ハンガー

κρεμάστρα

帽子

καπέλο

ネクタイ

γραβάτα

ファスナー

φερμουάρ

ヘルメット

κράνος

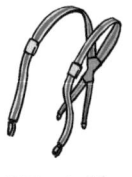

サスペンダー

τιράντες

制服

μαθητική στολή

ユニフォーム

στολή

よだれかけ
σαλιάρα

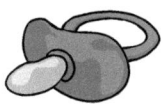

おしゃぶり
πιπίλα

おむつ
πάνα

オフィス
γραφείο

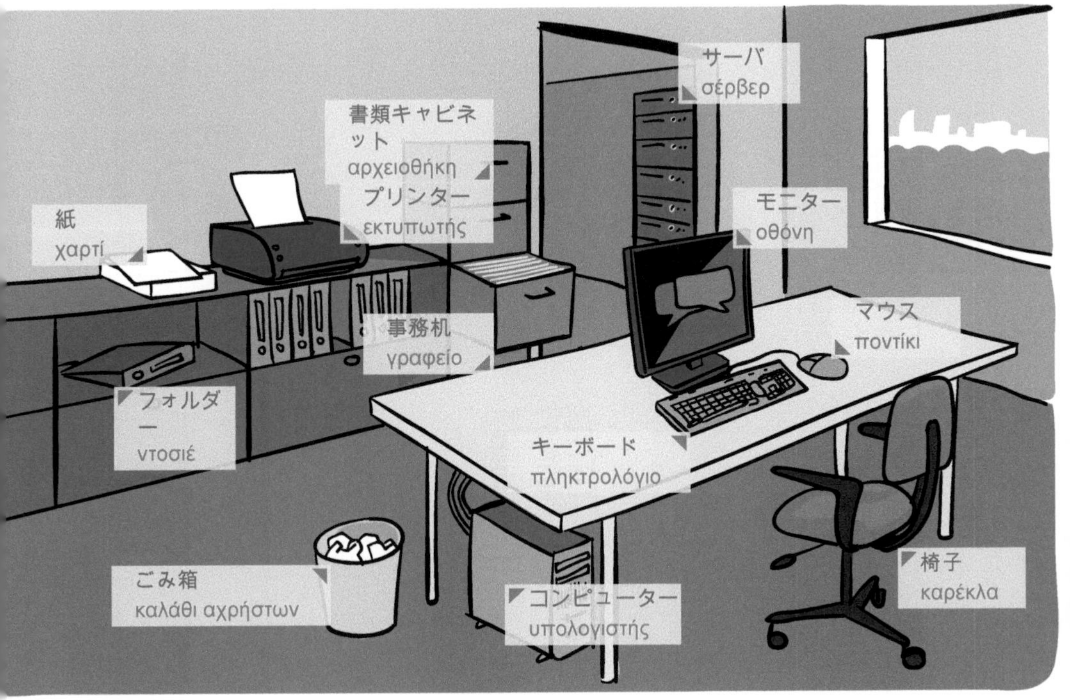

サーバ
σέρβερ

書類キャビネット
αρχειοθήκη

プリンター
εκτυπωτής

モニター
οθόνη

紙
χαρτί

マウス
ποντίκι

事務机
γραφείο

フォルダー
ντοσιέ

キーボード
πληκτρολόγιο

椅子
καρέκλα

ごみ箱
καλάθι αχρήστων

コンピューター
υπολογιστής

コーヒーマグ
κούπα του καφέ

計算機
κομπιουτεράκι

インターネット
ίντερνετ

ラップトップ
λάπτοπ

手紙
γράμμα

メッセージ
μήνυμα

携帯電話
κινητό

ネットワーク
δίκτυο

コピー機
φωτοτυπικό μηχάνημα

ソフトウェア
λογισμικό

電話
τηλέφωνο

コンセント
πρίζα

ファックス
συσκευή φαξ

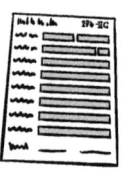

フォーム
έντυπο

書類
έγγραφο

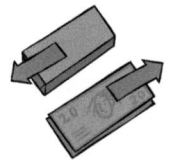

買う

αγοράζω

支払う

πληρώνω

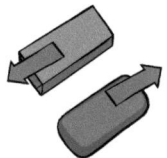

取引する

συναλλάσσομαι

お金

χρήματα

ドル

δολάριο

ユーロ

ευρώ

円

γιεν

ルーブル

ρούβλι

スイスフラン

ελβετικό φράγκο

人民元

ρενμίνμπι γιουάν

ルピー

ρουπία

キャッシュポイント

ATM (αυτόματη ταμειακή μηχανή)

両替所

ανταλλακτήρια
συναλλάγματος

金

χρυσός

銀

ασήμι

油

πετρέλαιο

エネルギー

ενέργεια

価格

τιμή

契約

συμβόλαιο

税金

φόρος

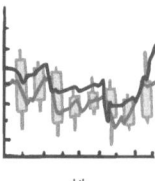

株

μετοχή

働く

δουλεύω

従業員

υπάλληλος

雇用主

εργοδότης

工場

εργοστάσιο

ショップ

κατάστημα

職業

επαγγέλματα

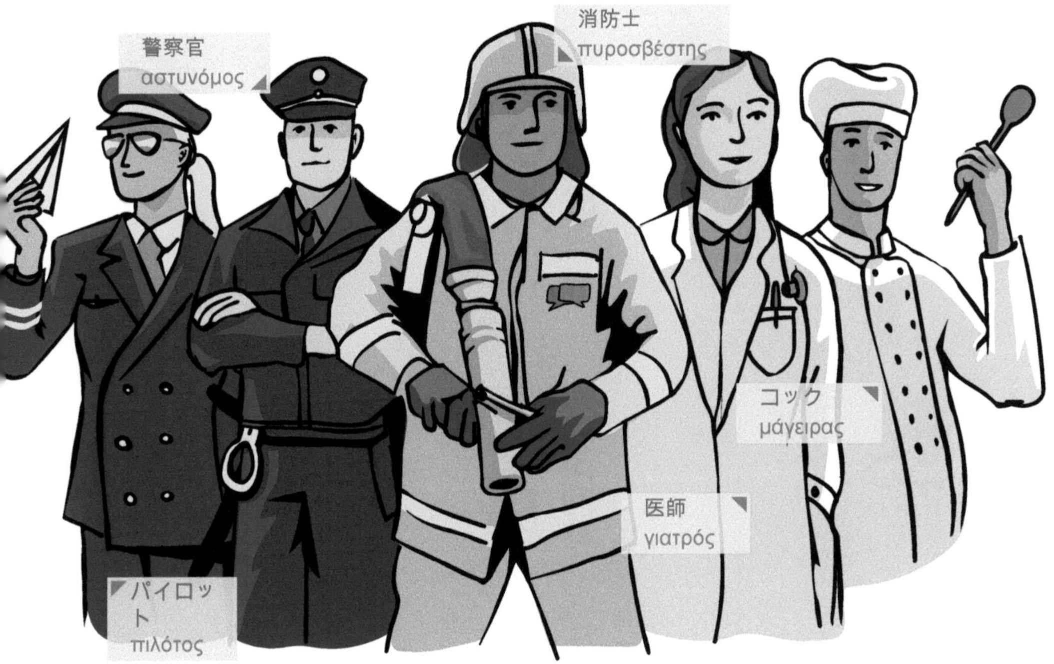

警察官
αστυνόμος
消防士
πυροσβέστης
コック
μάγειρας
医師
γιατρός
パイロット
πιλότος

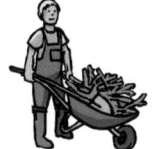

庭師

κηπουρός

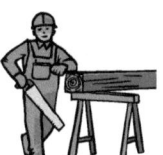

大工

ξυλουργός

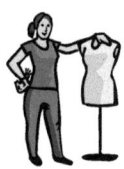

お針子

μοδίστρα

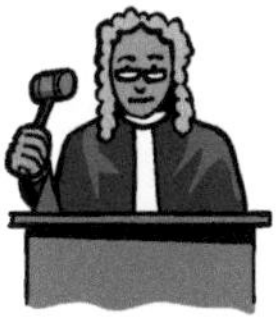

裁判官

δικαστής

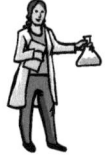

化学者

χημικός

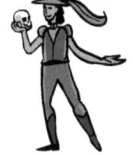

俳優

ηθοποιός

バスの運転手

οδηγός λεωφορείου

タクシー運転手

ταξιτζής

漁師

ψαράς

掃除婦

καθαρίστρια

屋根ふき職人

τεχνίτης στεγών

ウェイター

σερβιτόρος

ハンター

κυνηγός

塗装工

ζωγράφος

パン屋

αρτοποιός

電気工

ηλεκτρολόγος

建設作業員

οικοδόμος

エンジニア

μηχανολόγος

肉屋

κρεοπώλης

配管工

υδραυλικός

郵便配達人

ταχυδρόμος

軍人
στρατιώτης

建築家
αρχιτέκτονας

レジ係
ταμίας

花屋
ανθοπώλης

美容師
κομμωτής

車掌
ελεγκτής εισιτηρίων

機械工
μηχανικός

キャプテン
καπετάνιος

歯科医
οδοντίατρος

科学者
επιστήμονας

ラビ
ραβίνος

イスラム導師
ιμάμης

修道士
μοναχός

牧師
ιερέας

道具
εργαλεία

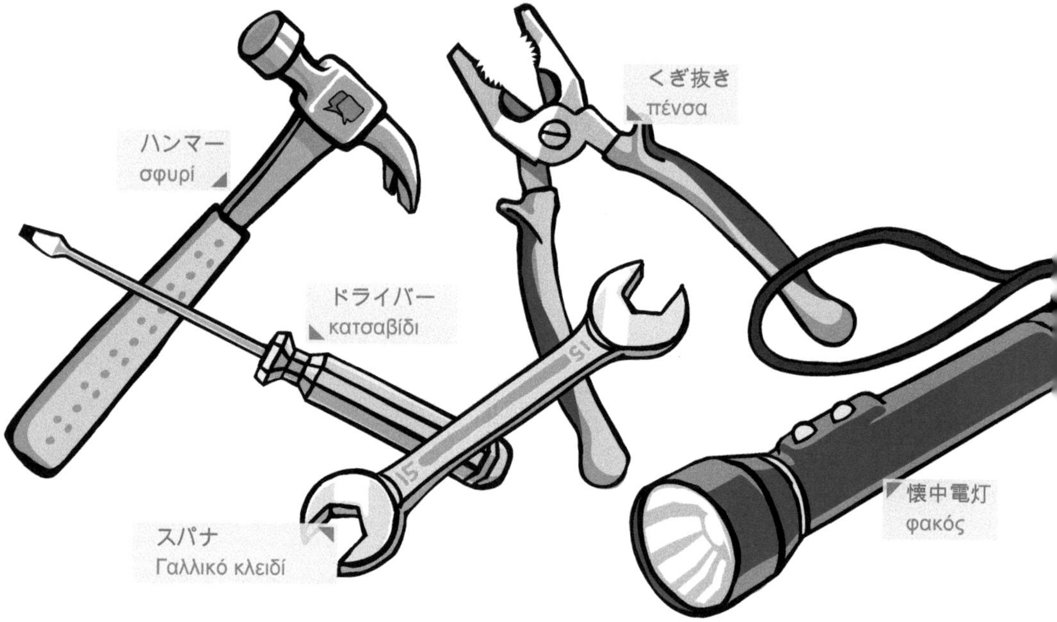

ハンマー
σφυρί
くぎ抜き
πένσα
ドライバー
κατσαβίδι
スパナ
Γαλλικό κλειδί
懐中電灯
φακός

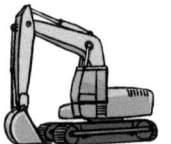

掘削機

εκσκαφέας

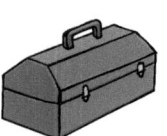

道具箱

εργαλειοθήκη

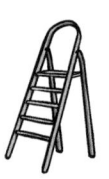

はしご

σκάλα

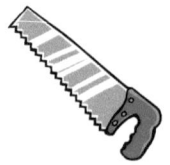

のこぎり

πριόνι

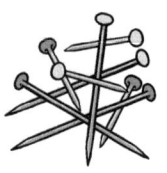

釘

καρφιά

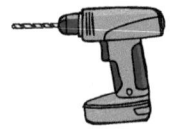

ドリル

τρυπάνι

修理する

επισκευάζω

シャベル

φτυάρι

クソ！

Να πάρει!

ちりとり

φαράσι

ペンキ缶

δοχείο χρωμάτων

ネジ

βίδες

楽器
μουσικά όργανα

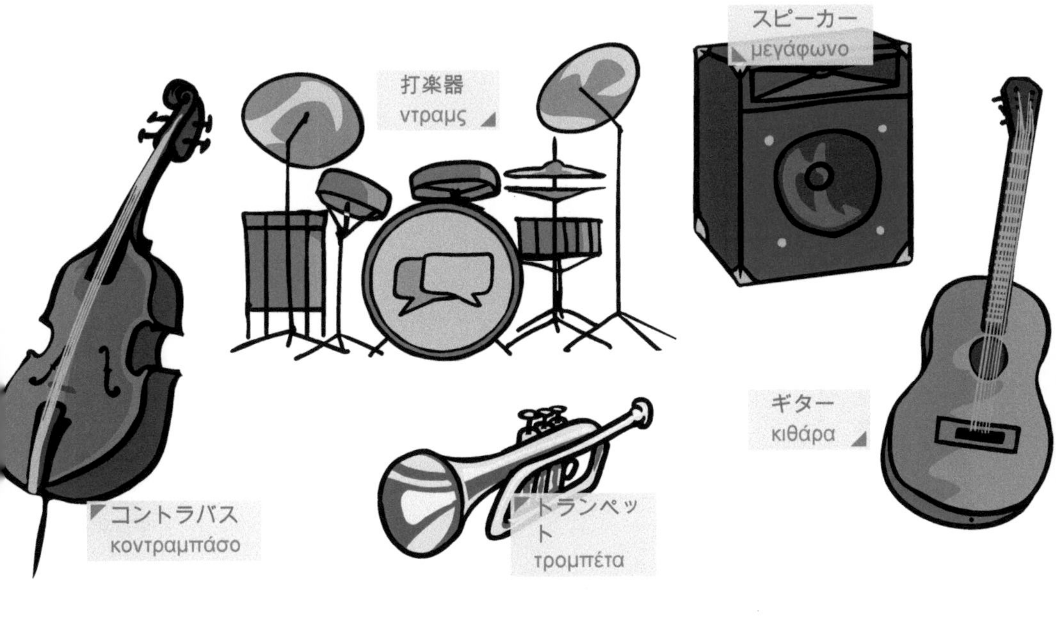

スピーカー
μεγάφωνο

打楽器
ντραμς

ギター
κιθάρα

コントラバス
κοντραμπάσο

トランペット
τρομπέτα

ピアノ
πιάνο

バイオリン
βιολί

バス
μπάσο

ティンパニ
τύμπανα

ドラム
τύμπανο

キーボード
πλήκτρα

サックス
σαξόφωνο

フルート
φλάουτο

マイクロフォン
μικρόφωνο

楽器 - μουσικά όργανα

動物園

ζωολογικός κήπος

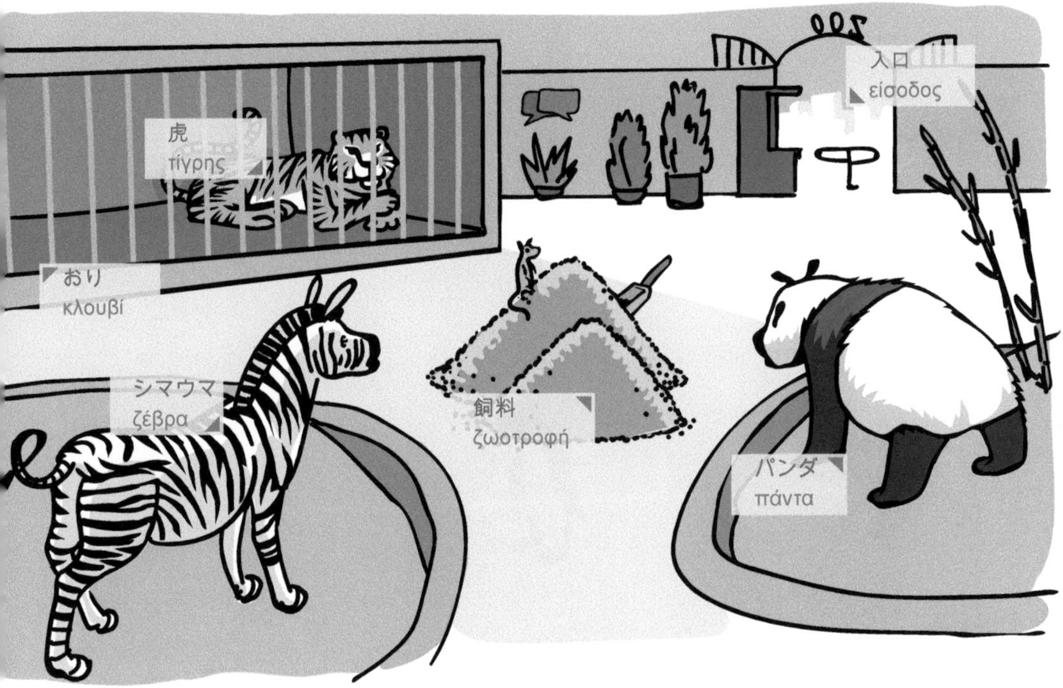

入口
είσοδος
虎
τίγρης
おり
κλουβί
シマウマ
ζέβρα
飼料
ζωοτροφή
パンダ
πάντα

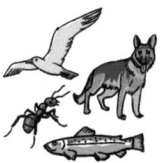

動物

ζώα

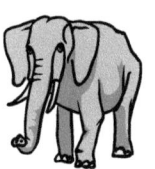

象

ελέφαντας

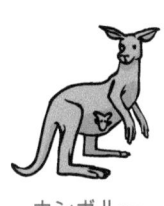

カンガルー

καγκουρό

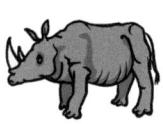

サイ

ρινόκερος

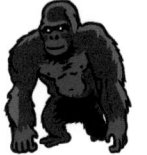

ゴリラ

γορίλας

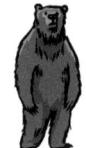

熊

αρκούδα

ラクダ

καμήλα

ダチョウ

στρουθοκάμηλος

ライオン

λιοντάρι

猿

πίθηκος

フラミンゴ

φλαμίνγκο

オウム

παπαγάλος

白クマ

πολική αρκούδα

ペンギン

πιγκουίνος

サメ

καρχαρίας

クジャク

παγώνι

蛇

φίδι

ワニ

κροκόδειλος

飼育係

φύλακας ζωολογικού κήπου

アザラシ

φώκια

ジャガー

τζάγκουαρ

ポニー
πόνυ

ヒョウ
λεοπάρδαλη

カバ
ιπποπόταμος

キリン
καμηλοπάρδαλη

鷲
αετός

雄豚
αγριογούρουνο

魚
ψάρι

亀
χελώνα

セイウチ
θαλάσσιος ίππος

狐
αλεπού

ガゼル
γαζέλα

アメフト
Αμερικάνικο ποδόσφαιρο

サイクリング
ποδηλασία

テニス
αντισφαίριση

バスケット
ボール
μπάσκετ

水泳
κολύμβηση

ボクシング
πυγμαχία

アイスホッケー
χόκεϋ επί πάγου

サッカー
ποδόσφαιρο

バドミントン
μπάντμιντον

陸上競技
στίβος

ハンドボール
χάντμπολ

スキー
σκι

ポロ
πόλο

| 跳ぶ | 笑う | 歩く |
| πηδάω | γελάω | περπατάω |

| 抱きしめる | 夢見る |
| αγκαλιάζω | ονειρεύομαι |

| 歌う | 祈る | キス |
| τραγουδάω | προσεύχομαι | φιλάω |

| 書く | 描く | 示す |
| γράφω | σχεδιάζω | δείχνω |

| 押す | 与える | 取る |
| πιέζω | δίνω | παίρνω |

持っている
....
έχω

する
....
κάνω

ある
....
είμαι

立つ
....
στέκομαι

走る
....
τρέχω

引く
....
τραβάω

投げる
....
ρίχνω

落ちる
....
πέφτω

横たわっている
....
ξαπλώνω

待つ
....
περιμένω

運ぶ
....
κουβαλώ

座る
....
κάθομαι

着る
....
φοράω

眠る
....
κοιμάμαι

目が覚める
....
ξυπνάω

見る
koitáω

泣く
κλαίω

なでる
χαϊδεύω

櫛ですく
χτενίζω

話す
μιλάω

理解する
καταλαβαίνω

質問する
ρωτάω

聞く
ακούω

飲む
πίνω

食べる
τρώω

片づける
συγυρίζω

愛する
αγαπάω

料理する
μαγειρεύω

運転する
οδηγώ

飛ぶ
πετάω

ヨットに乗る

κάνω ιστιοπλοΐα

計算する

υπολογίζω

読む

διαβάζω

学ぶ

μαθαίνω

働く

δουλεύω

結婚する

παντρεύομαι

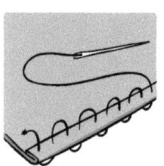

縫う

ράβω

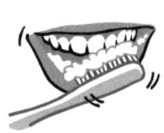

歯を磨く

βουρτσίζω τα δόντια

殺す

σκοτώνω

喫煙する

καπνίζω

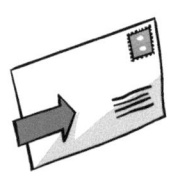

送る

στέλνω

66   活動 - δραστηριότητες

家族

οικογένεια

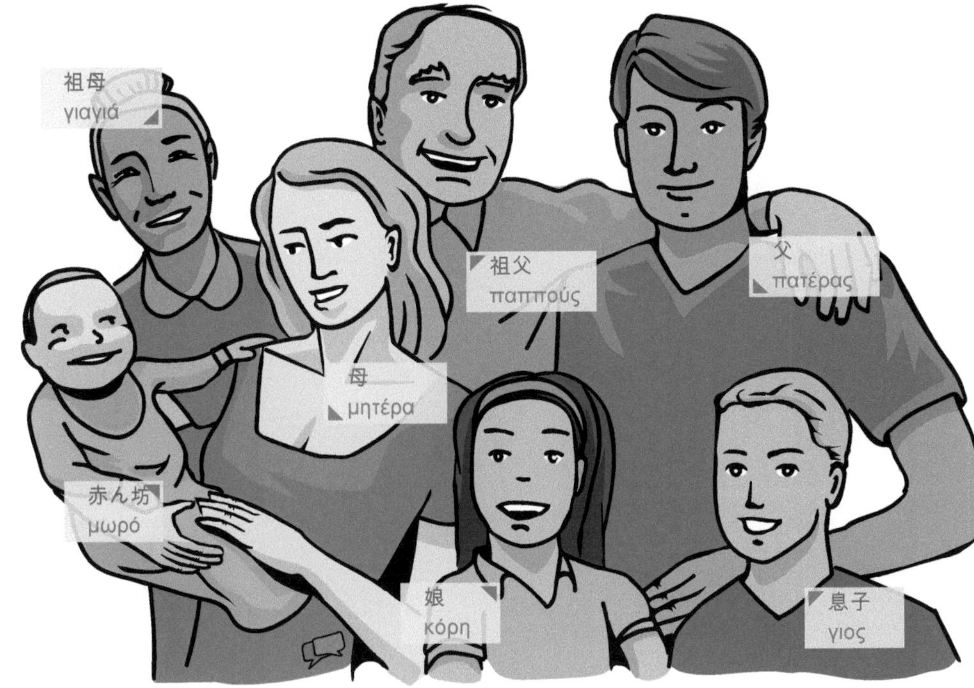

祖母
γιαγιά
祖父
παππούς
父
πατέρας
母
μητέρα
赤ん坊
μωρό
娘
κόρη
息子
γιος

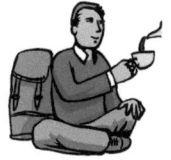

お客様

καλεσμένος

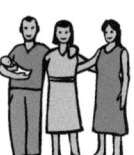

おば

θεία

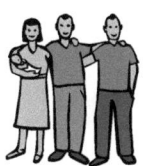

おじ

θείος

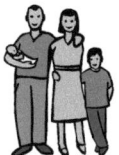

兄弟

αδελφός

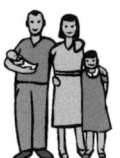

姉妹

αδελφή

体

σώμα

ひたい
μέτωπο
目
μάτι
肩
ώμος
指
δάχτυλο
顔
πρόσωπο
あご
πιγούνι
手
χέρι
脚
πόδι
胸
στήθος
腕
βραχίονας

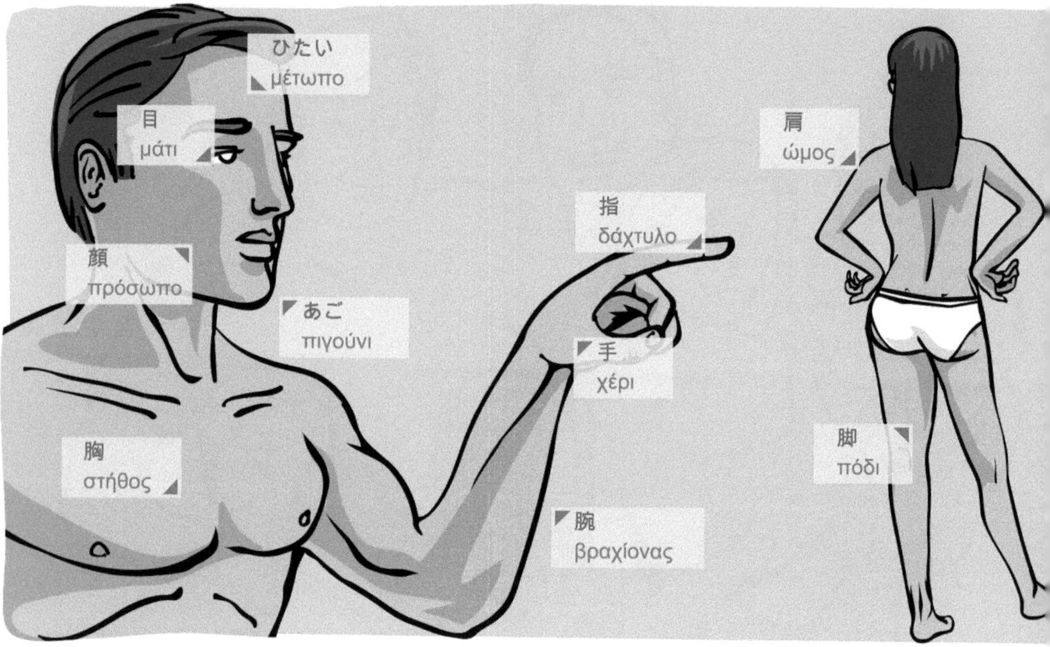

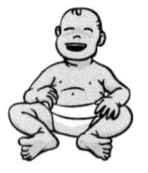

赤ん坊

μωρό

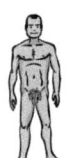

男性

άνδρας

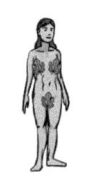

女性

γυναίκα

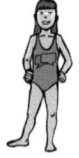

少女

κορίτσι

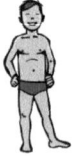

少年

αγόρι

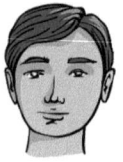

頭

κεφάλι

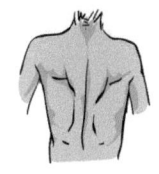

背中
πλάτη

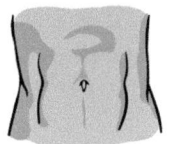

腹
κοιλιά

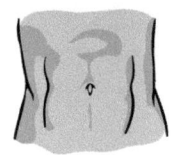

へそ
αφαλός

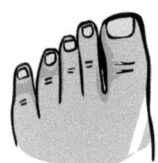

足指
δάχτυλο ποδιού

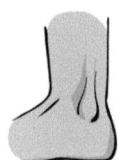

かかと
φτέρνα

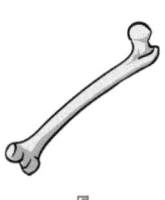

骨
κόκκαλο

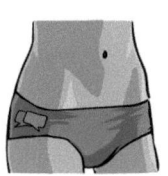

腰
γοφός

ひざ
γόνατο

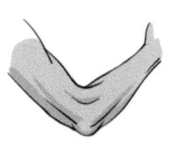

ひじ
αγκώνας

鼻
μύτη

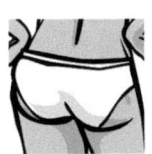

尻
γλουτός

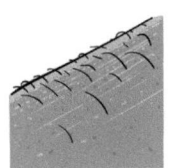

皮膚
δέρμα

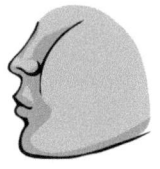

頬
μάγουλο

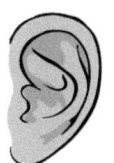

耳
αυτί

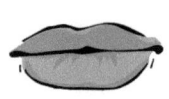

唇
χείλος

体 - σώμα

口
στόμα

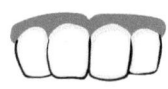

歯
δόντι

舌
γλώσσα

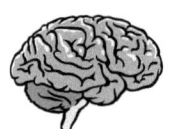

脳
εγκέφαλος

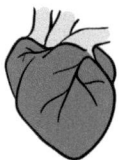

心臓
καρδιά

筋肉
μυς

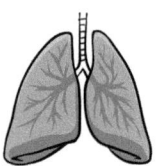

肺
πνεύμονας

肝臓
συκώτι

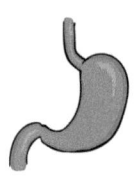

胃
στομάχι

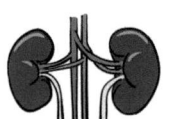

腎臓
νεφρά

セックス
σεξουαλική επαφή

コンドーム
προφυλακτικό

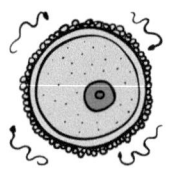

卵細胞
ωάριο

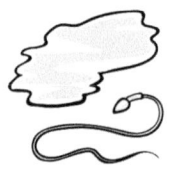

精液
σπέρμα

妊娠
εγκυμοσύνη

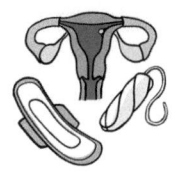

月経
....
περίοδος

膣
....
γυναικείος κόλπος

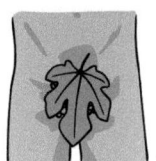

ペニス
....
πέος

眉
....
φρύδι

髪
....
μαλλιά

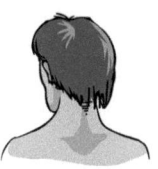

首
....
λαιμός

体 - σώμα

71

病院

νοσοκομείο

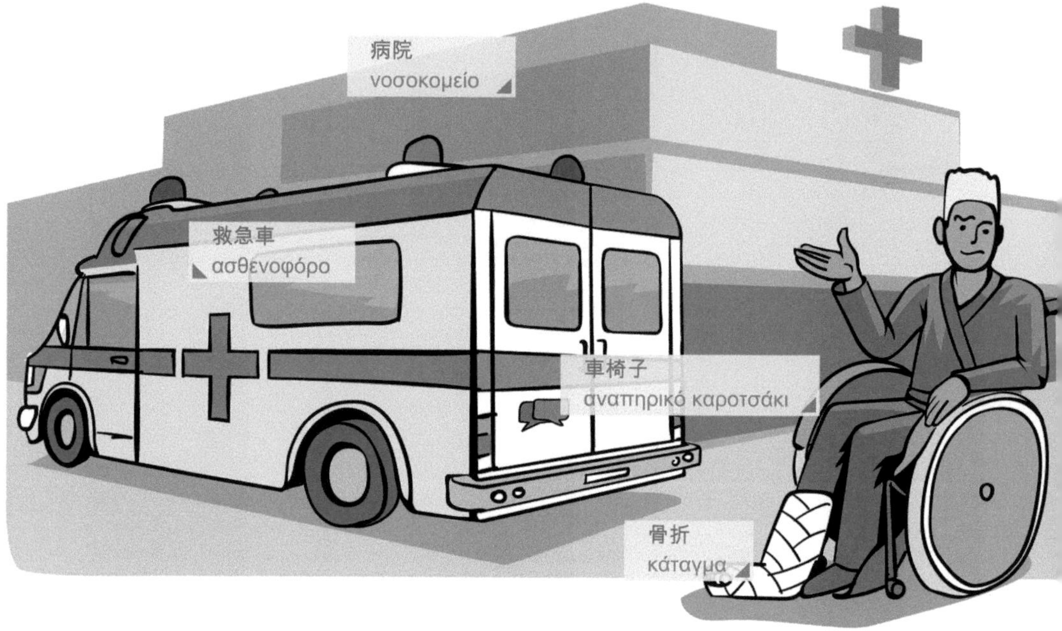

病院
νοσοκομείο
救急車
ασθενοφόρο
車椅子
αναπηρικό καροτσάκι
骨折
κάταγμα

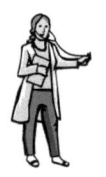

医師

γιατρός

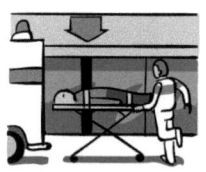

救急治療室

μονάδα εντατικής θεραπείας

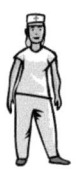

看護師

νοσοκόμα

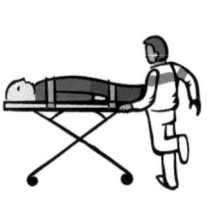

救急

έκτακτη ανάγκη

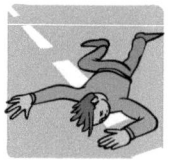

失神

λιπόθυμος

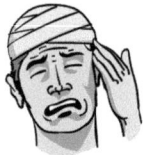

痛み

πόνος

けが
τραύμα

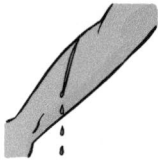

出血
αιμορραγία

心臓発作
έμφραγμα

脳卒中
εγκεφαλικό

アレルギー
αλλεργία

咳
βήχας

熱
πυρετός

インフルエンザ
γρίπη

下痢
διάρροια

頭痛
πονοκέφαλος

癌
καρκίνος

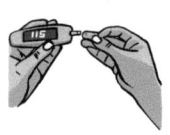

糖尿病
διαβήτης

外科医
χειρουργός

外科用メス
νυστέρι

手術
εγχείρηση

病院 - νοσοκομείο

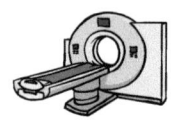

CT

αξονική τομογραφία

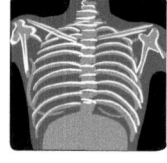

レントゲン

ακτινογραφία

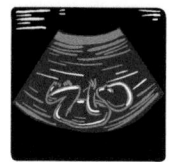

超音波

υπέρηχος

マスク

μάσκα

病気

ασθένεια

待合室

αίθουσα αναμονής

松葉づえ

πατερίτσα

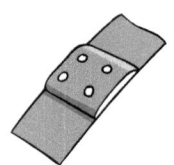

ばんそうこう

χάνσαπλαστ

包帯

επίδεσμος

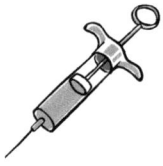

注射

ένεση

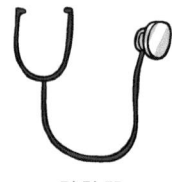

聴診器

στηθοσκόπιο

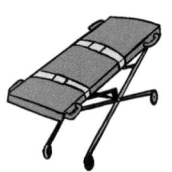

担架

φορείο

体温計

θερμόμετρο

出産

γέννηση

肥満

υπέρβαρο

病院 - νοσοκομείο

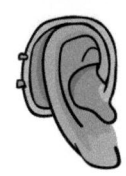

補聴器

ακουστικό βαρηκοΐας

消毒剤

αντισηπτικό

感染

λοίμωξη

ウイルス

ιός

HIV / エイズ

HIV/AIDS

内服薬

φάρμακο

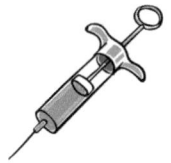

予防接種

εμβολιασμός

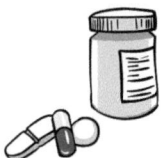

錠剤

δισκία

ピル

χάπι

緊急電話

κλήση έκτακτης ανάγκης

血圧計

πιεσόμετρο αίματος

病気の / 健康な

άρρωστος / υγιής

助けて！
Βοήθεια!

アラーム
συναγερμός

暴行
βιαιοπραγία

攻撃
επίθεση

危険
κίνδυνος

非常口
έξοδος κινδύνου

火事だ！
Φωτιά!

消火器
πυροσβεστήρας

事故
ατύχημα

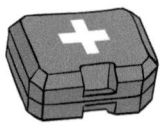

救急箱
κουτί πρώτων βοηθειών

SOS
SOS

警察
αστυνομία

ヨーロッパ

Ευρώπη

北米

Βόρεια Αμερική

南米

Νότια Αμερική

アフリカ

Αφρική

アジア

Ασία

オーストラリア

Αυστραλία

大西洋

Ατλαντικός Ωκεανός

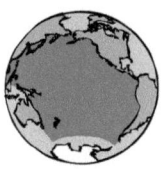

太平洋

Ειρηνικός Ωκεανός

インド洋

Ινδικός Ωκεανός

南極海

Ανταρκτικός Ωκεανός

北極海

Αρκτικός Ωκεανός

北極

Βόρειος Πόλος

南極

Νότιος Πόλος

南極大陸

Ανταρκτική

地球

Γη

陸

γη

海

θάλασσα

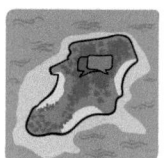

島

νησί

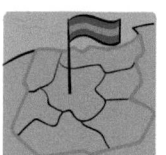

国家

έθνος

国家

πολιτεία

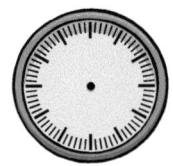

文字盤

καντράν ρολογιού

短針

ωροδείκτης

長針

λεπτοδείκτης

秒針

δείκτης δευτερολέπτων

何時ですか？

Τι ώρα είναι;

日

ημέρα

時間

χρόνος

現在

τώρα

デジタル時計

ψηφιακό ρολόι

分

λεπτό

時間

ώρα

月曜　Δευτέρα

水曜　Τετάρτη

金曜　Παρασκευή

火曜　Τρίτη

土曜　Σάββατο

木曜　Πέμπτη

日曜　Κυριακή

昨日
χθες

今日
σήμερα

明日
αύριο

朝
πρωί

昼
μεσημέρι

夜
βράδυ

営業日
εργάσιμες ημέρες

週末
Σαββατοκύριακο

年

έτος

雨
βροχή
虹
ουράνιο τόξο
風
άνεμος
雪
χιόνι
春
άνοιξη
夏
καλοκαίρι
秋
φθινόπωρο
冬
χειμώνας

4.APRIL 11°
5.APRIL 4°
6.APRIL 13°
7.APRIL 8°
8.APRIL 10°

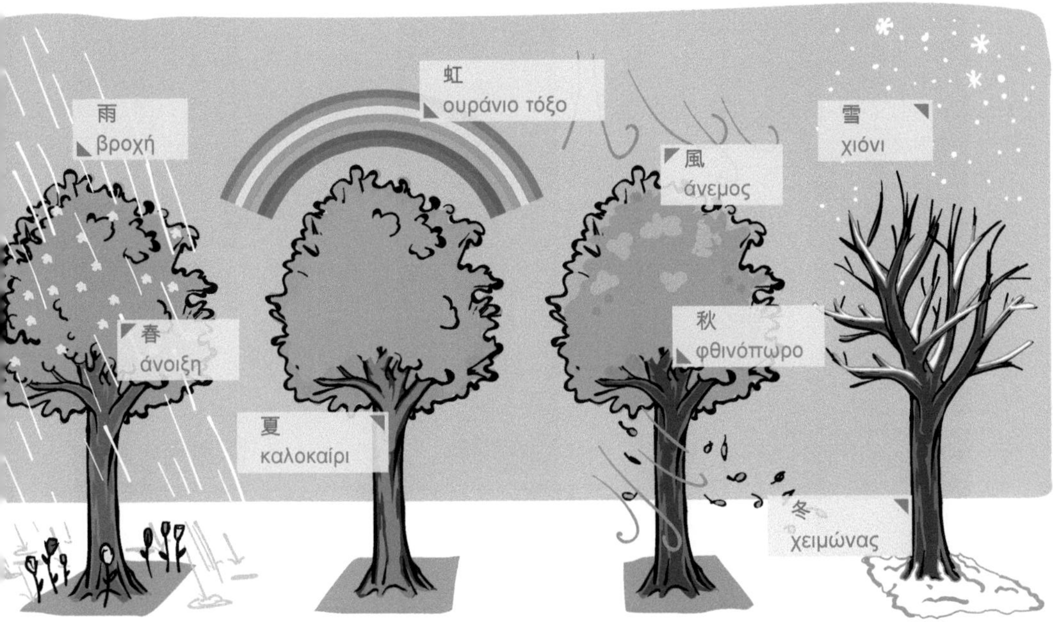

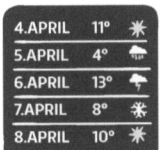

天気予報

πρόγνωση καιρού

F C
120 40
90 30
60 20
30 10
0 0
-30 -10
-20

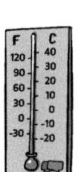

温度計

θερμόμετρο

日差し

λιακάδα

雲

σύννεφο

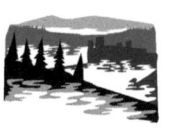

霧

ομίχλη

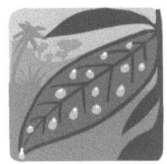

湿度

υγρασία

雷

αστραπή

雷

κεραυνός

嵐

καταιγίδα

ひょう

χαλάζι

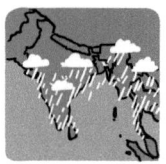

季節風

μουσώνας

洪水

πλημμύρα

氷

πάγος

1月

Ιανουάριος

2月

Φεβρουάριος

3月

Μάρτιος

4月

Απρίλιος

5月

Μάιος

6月

Ιούνιος

7月

Ιούλιος

8月

Αύγουστος

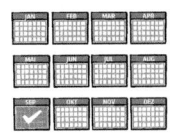

9月
....
Σεπτέμβριος

10月
....
Οκτώβριος

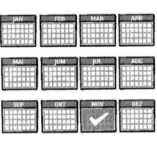

11月
....
Νοέμβριος

12月
....
Δεκέμβριος

形
σχήματα

円
....
κύκλος

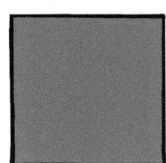

正方形
....
τετράγωνο

長方形
....
ορθογώνιο
παραλληλόγραμμο

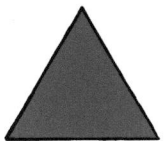

三角
....
τρίγωνο

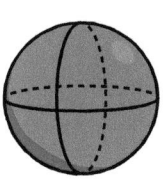

球
....
σφαίρα

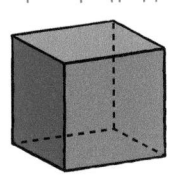

立方体
....
κύβος

白
....
άσπρο

黄
....
κίτρινο

オレンジ
....
πορτοκαλί

ピンク
....
ροζ

赤
....
κόκκινο

紫
....
μωβ

青
....
μπλε

緑
....
πράσινο

茶
....
καφέ

灰色
....
γκρι

黒
....
μαύρο

多い / 少ない

πολύ / λίγο

怒っている /
落ち着いている
θυμωμένος / ήρεμος

美しい / 醜い

όμορφος / άσχημος

初め / 終わり

αρχή / τέλος

大きい / 小さい

μεγάλος / μικρός

明るい / 暗い

φωτεινός / σκοτεινός

兄弟 / 姉妹

αδελφός / αδελφή

清潔な / 汚い

καθαρός / λερωμένος

完全な / 不完全な

πλήρης / ατελής

日中 / 夜

ημέρα / νύχτα

死んだ / 生きている

νεκρός / ζωντανός

幅広い / 狭い

φαρδύς / στενός

食べられる　／
食べられない
βρώσιμος / μη βρώσιμος

悪意のある　／　親切な
κακός / ευγενικός

興奮している　／
退屈じている
ενθουσιασμένος /
βαριεστημένος

太った　／　痩せた
παχύς / λεπτός

最初に　／　最後に
πρώτος / τελευταίος

友人　／　敵
φίλος / εχθρός

いっぱいの　／　空の
γεμάτος / άδειος

硬い　／　柔らかい
σκληρός / μαλακός

重い　／　軽い
βαρύς / ελαφρύς

空腹　／　喉の渇き
πείνα / δίψα

病気の　／　健康な
άρρωστος / υγιής

違法な　／　合法な
παράνομος / νόμιμος

賢い　／　愚かな
έξυπνος / χαζός

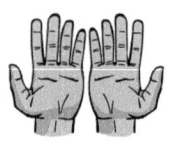

左に　／　右に
αριστερός / δεξιός

近い　／　遠い
κοντινός / μακρινός

新しい ／ 中古の

καινούριος /
μεταχειρισμένος

何もない ／ 何かある

τίποτα / κάτι

老いた ／ 若い

γέρος | νέος

オン ／ オフ

αναμμένος / σβηστός

開いている ／
閉まっている

ανοιχτός / κλειστός

静かな ／ うるさい

χαμηλόφωνος /
μεγαλόφωνος

裕福な ／ 貧乏な

πλούσιος / φτωχός

正しい ／間違っている

σωστός / λανθασμένος

粗い ／ なめらか

τραχύς / λείος

悲しい ／ 幸せな

λυπημένος / χαρούμενος

短い ／ 長い

κοντός / μακρύς

ゆっくり ／ 速い

αργός / γρήγορος

濡れた ／ 乾いた

υγρός / στεγνός

温かい ／ 冷たい

ζεστός / δροσερός

戦争 ／ 平和

πόλεμος / ειρήνη

反対 - αντίθετα

0

ゼロ

μηδέν

1

1

ένα

2

2

δύο

3

3

τρία

4

4

τέσσερα

5

5

πέντε

6

6

έξι

7

7

εφτά

8

8

οκτώ

9

9

εννιά

10

10

δέκα

11

11

έντεκα

12

12
δώδεκα

13

13
δεκατρία

14

14
δεκατέσσερα

15

15
δεκαπέντε

16

16
δεκαέξι

17

17
δεκαεφτά

18

18
δεκαοκτώ

19

19
δεκαεννέα

20

20
είκοσι

100

100
εκατό

1.000

1000
χίλια

1.000.000

100万
εκατομμύριο

英語

Αγγλικά

アメリカ英語

Αμερικάνικα Αγγλικά

中国標準語

Μανδαρίνικα Κινέζικα

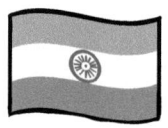

ヒンディー語

Χίντι

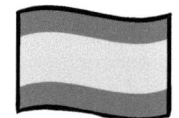

スペイン語

Ισπανικά

フランス語

Γαλλικά

アラビア語

Αραβικά

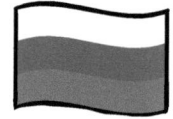

ロシア語

Ρώσικα

ポルトガル語

Πορτογαλικά

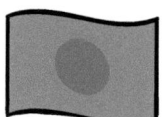

ベンガル語

Μπενγκάλι

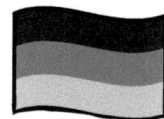

ドイツ語

Γερμανικά

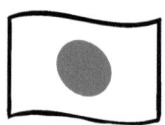

日本語

Ιαπωνικά

私

εγώ

あなた

εσύ

彼 / 彼女 / それ

αυτός / αυτή / αυτό

私たち

εμείς

あなたたち

εσείς

彼ら

αυτοί / αυτές / αυτά

誰？

ποιος / ποια / ποιο;

何？

τι;

どうやって？

πώς;

どこ？

πού;

いつ？

πότε;

名前

όνομα

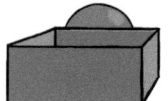

後ろ

πίσω

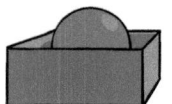

中

μέσα

前

μπροστά

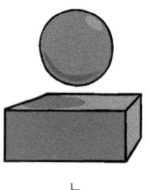

上

πάνω από

上

πάνω

下

κάτω

横

δίπλα

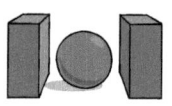

間

ανάμεσα

場所

μέρος